中小学生
知识产权教育知识

宁艳菱 / 编著

海豚出版社
DOLPHIN BOOKS
CICG 中国国际传播集团

图书在版编目（CIP）数据

中小学生知识产权教育知识 / 宁艳菱编著 . -- 北京：海豚出版社，2023.8
ISBN 978-7-5110-6516-2

Ⅰ . ①中… Ⅱ . ①宁… Ⅲ . ①知识产权—中国—青少年读物 Ⅳ . ① D923.4-49

中国国家版本馆 CIP 数据核字（2023）第 126806 号

中小学生知识产权教育知识

宁艳菱　编著

出 版 人	王　磊
责任编辑	李文静
封面设计	何洁薇
责任印制	于浩杰　蔡　丽
法律顾问	中咨律师事务所　殷斌律师
出　　版	海豚出版社
地　　址	北京市西城区百万庄大街 24 号
邮　　编	100037
电　　话	010-68325006（销售）　010-68996147（总编室）
印　　刷	河北鑫玉鸿程印刷有限公司
经　　销	新华书店及网络书店
开　　本	710mm × 1000mm　1/16
印　　张	7
字　　数	70 千字
印　　数	3000
版　　次	2023 年 8 月第 1 版　2023 年 8 月第 1 次印刷
标准书号	ISBN 978-7-5110-6516-2
定　　价	29.80 元

编者语

知识产权的保护工作，对于社会的文明进步、经济的发展起到至关重要的作用。从新中国成立后不久，我国就开展了知识产权保护制度的建设工作，并逐渐走出了一条有中国特色的知识产权发展之路。

青少年是祖国和民族的未来与希望，提升全社会尊重和保护知识产权也要从娃娃抓起，在中小学校开设知识产权教育课程，从小培养和提升中小学生的知识产权意识，将会激发学生的创新保护意识；树立尊重、保护自己和他人的智力成果的观念。

知识产权局、教育部等国家部门于 2015 年 11 月联合启动了一项试点示范工作，在全国范围内挑选了具备一定条件的中小学校作为试点开展全国中小学知识产权教育示范工作。在中小学逐步普及知识产权教育也成为时代发展的必然要求。

本书对知识产权的知识进行了由浅入深的讲解，并对专利权、著作权和商标权分别进行重点阐述，以现实故事的形式和漫画风格的插图，生动活泼地引导学生学习，通过阅读可以让学生更好地理解和学习知识产权的相关知识。在学习的过程中，培养新的观念和意识，这不仅能够很好地推动我国的知识产权事业的发展，还可以在法律和经济等方面保护学生的研究成果，促进全社会的文明进步和经济发展。普及知识产权应该高度重视师资教育与知识产权教育相结合，鼓励学生参与科技创新活动，实现推动知识产权教育工作的建设和发展。

®目录

创新是判定智力劳动的唯一标准

新中国成立以来，我国的知识产权保护制度的
法制建设呈现三个历史时期

产生与发展

著作权，工业产权

内容与特点

地域性、独占性、时间性

知识产权的特征

作用：激励创造、调节公共利益、
保护投资、促进交流合作

作用与保护

保护措施：强化意识，完善
立法、人才队伍建设

中小学生知识

具有商业价值、不为公众所
知、权利人采取保密措施、
具有实用性

商业秘密

植物新品种

具备适当的名称，具备特异
性、一致性、稳定性

其他知识产权

网络域名

在全球范围内是唯一的，抢注域
名属于不正当竞争行为

**集成电路布图
设计专有权**

登记制；有限的使用取得与登记制
相结合的方式；自然取得制

地理标志

证明商标和集体商标、原产地域产
品、原产地标记

分类　　发明专利、实用新型专利、外观设计专利

申请流程与条件　　流程：准备文件、受理、审查、公布、授权

条件：新颖性、创造性、实用性

专利权

权利与义务　　权利：独占权、实施许可权、转让权

义务：充分公开发明内容、缴纳年费

产权教育知识

著作权

分类　　著作人身权：发表权、署名权、修改权、保护作品完整权

著作财产权：复制权、发行权、出租权、展览权、表演权、改编权等

作品归属　　著作权属于作者，著作权法另有规定的除外

版权法律的诞生　　1915 年颁布的中华民国的首部版权法《著作权法》，基本上依照了清政府的《著作权律》

商标权

分类　　常见的商标分类包括以构成要素区分、以商标的使用对象区分、以商标的功能区分、以享誉程度区分

作用　　促进、保护、广告、标识

注册、申请与转让　　我国采取商标注册制度，商标注册申请可以自行办理也可委托商标代理机构办理，商标可以转让

第一单元

劳动与知识产权的产生

人类社会发展的历程表明，人类社会从低级到高级，从简单到复杂，从原始到现代的进化历程，就是一个不断创新的过程。知识产权的本质就是鼓励创新、保护创新。历经几百年的发展，知识产权制度经过从国内立法到与国际知识产权法律制度接轨的漫长路程，发挥着越来越重要的作用。知识产权制度作为保护人类智力劳动成果的重要制度，是人类社会科技与经济发展到一定阶段的产物。

第一节 人类智力劳动改变了生活

智力劳动就是创新劳动，是与体力劳动相对应的一个概念。创新实际上是一种劳动技能，智力劳动建立在知识的积累、知识的运用和知识的创造基础上，劳动的结果是创新。

故事在线

郭先生于1992年创建广信科技咨询公司，这是复星集团的前身。公司主营业务是市场调查和咨询。他们不仅在营销上创新，而且直接瞄准技术创新。生物医药被他们确定为主导产业，全力开发基因诊断产品——PCR诊断试剂。20世纪80年代中期，在体外特定环境下，这项技术可以快速百万倍地复制特异基因片段，大大地缩短了对疾病的医学诊断时间，并且显著地降低了误诊率。原来医院检测病毒性疾病的周期大约要3个星期，使用PCR后，仅用一两天时间结果就可以

> 我能大大缩短诊断时间，降低误诊率，是智力劳动的成果！

出来。90 年代初，PCR 技术被用于临床检测。在当时，国内尚无大企业涉足。复星集团开始独立研发诊断产品不过四年，就开发出了肝炎、肿瘤、遗传病、呼吸道、肠道传播疾病、优生优育等 6 大诊断系列，共 40 多个产品，大概平均一个月开发一个新产品。智力劳动的成果为之带来巨额财富，复星实现了第一个"亿元"。复星团队被传为神话，其实他们唯一的专长就是有知识，他们是靠智力劳动创造了第一个"百万"、第一个"千万"和第一个"亿元"。

我靠智力劳动创造财富。

百万　千万　亿元

💡 **想一想**

　　为什么说复星集团是靠智力劳动创造了财富？智力劳动和体力劳动的区别体现在哪些方面？

　　智力劳动又称脑力劳动，是指人类主要依靠知识和智慧进行改造自然、改造社会的活动。人类智力劳动遍及科学、技术、工程、艺术等诸多方面。

　　智力劳动的成果丰富多样，包括在科学技术领域、艺术领域及其他领域产生的各种新产品、新工艺、新配方等。人们通常把智力成果分成三大类，即发明创造，商业标识，文学、艺术和科学作品。

　　智力劳动判定的唯一标准就是创新，凡是从事创新劳动的就是智力劳动；反之，没有创新意义和创新内容的劳动都是体力劳动或复杂体力劳动。郭广昌领导的复星团队以前瞻性眼光分析市场，并以智力劳动创造增盈价值。

我是白领，我从事智力劳动。

我是蓝领，我也从事智力劳动。

　　从上面内容不难看出，我们倡导智力劳动，只是因为智力劳动能够创造增盈价值，能够创造更多的财富，能够推动经济更快地发展。但必须说明的是，我们提倡智力劳动，没有任何否定体力劳动、任何轻视体力劳动的意思。体力劳动，不论是简单的体力劳动，还是复杂的体力劳动，都是创造价值的劳动，都是值得尊敬的劳动。

　　要区别智力劳动和体力劳动，必须把握以下三条原则：

1 劳动的性质不同

　　体力劳动是以人体肌肉与骨骼的劳动以及代替人力所进行的劳动为主，智力劳动是以人的智慧和脑力劳动为主。

2 劳动的过程不同

　　体力劳动是一种相对简单的、具有重复性的劳动。智力劳动则是一种比较复杂的、具有开创性的劳动。

3 劳动的结果不同

　　体力劳动的结果是几乎完全相同的产品，是维持社会生存所必需的常规产品。智力劳动的结果是创新后的成果。

找不同！

第二节 知识产权的内容与特点

知识产权从本质上说是一种无形财产权，它的客体是智力成果或是知识产品，是一种没有形体的精神财富，是创造性的智力劳动所创造的劳动成果。

📻 故事在线

著名歌星刘某于 2010 年被查出身患不治之症，生命只剩下两个月时间，他将自己近 20 万字的回忆录手稿整理成册，在临终前将手稿孤本送给好友王某。刘某在手稿的扉页上写有"吾将不久于人世，仅以此绝笔赠吾挚友，望珍藏于密室，令其永不面世"的字样。王某依刘

请你珍藏，不得面世。

好的，你放心！

某遗嘱秘密收藏手稿，直至 2013 年王某病重，将该手稿转交其继承人王子继承保管。2016 年，研究刘某生平的学者孙某找到王子，以收集参考资料为由，向王子请求借用手稿。王子在出借手稿时声明"根据作者遗愿，手稿不得公诸于世"，孙某应允。2020 年，孙某找到刘某的继承人刘子，在征得刘子的同意后，将手稿以内部资料的形式刊印 2000 册，并在一定范围内散发。

我到底该归谁所有？

💡 **想一想**

　　谁对手稿享有著作权，为什么？孙某刊印手稿并在一定范围内散发是否侵权，侵犯了谁的什么权利，为什么？

根据《中华人民共和国公司法》第二十七条 股东可以用货币出资，也可以用实物、知识产权、土地使用权等可以用货币估价并可以依法转让的非货币财产作价出资；但是，法律、行政法规规定不得作为出资的财产除外。

我国的知识产权法是由《著作权法》《商标法》和《专利法》三部法律来构成的。

知识产权是指公民、法人或者其他组织在对创造性的劳动所完成的智力成果依法享有的专有权利，受法律保护，不容侵犯。知识产权是智力劳动产生的成果所有权，它是依照各国法律赋予符合条件的著作者以及发明者或成果拥有者在一定期限内享有的独占权利。它有两类：一类是著作权（也称为版权、文学产权），另一类是工业产权（也称为产业产权）。

我们都是知识产权。

从法律上讲，知识产权具有三种最明显的法律特征：

1 　　知识产权的地域性，即除签有国际公约或双边、多边协定外，依一国法律取得的权利只能在该国境内有效，受该国法律保护。

2 　　知识产权的独占性，即只有权利人才能享有，他人不经权利人许可不得行使其权利。

3 　　知识产权的时间性，各国法律对知识产权分别规定了一定期限，期满后则权利自动终止。

知识讲堂

　　从上面内容可以看出，刘某对手稿享有著作权，刘某的继承人刘子只继承了著作权中的财产权，而无法继承人身权。因此，孙某虽然得到了刘子的同意，但依然侵害了刘某人身权中的发表权。

我咋侵权了！

被告

第三节 知识产权在我国的发展历史

我国对知识产权从不了解、不重视甚至是抵触，到开始了解和接触知识产权，再到片面追求知识产权数量，发展到今天我们重视和努力追求知识产权高质量发展，变化真是翻天覆地。

发展历程

知识产权保护制度在我国的命运一波三折，1949年新中国成立以后我国的知识产权保护制度的法制建设主要经历了三个历史时期。

> 我爷爷说，他小时候吃大锅饭！

> 是的，那时候不存在知识产权。

第一个时期是从1949年到1958年社会主义改造时期。私有财产在这一时期还被允许一定程度的的存在，知识产权作为个人权利之一得以在名义上保存下来。

第二个时期是从1958年至1979年。完成社会主义改造以后，全部生产资料归集体所有，基本上不存在私营企业的形式，依附于私有财产的知识产权自然失去了存在的空间和意义。

第三个时期是从 1979 年至今。知识产权保护制度建设在我国刚刚起步，改革开放以来的几十年间，一系列知识产权保护的法律以及细则、条例等配套法规先后制定并逐步完善，我国知识产权保护制度法制建设迈上新台阶。

1979 年，专利法起草之初，对于要不要实行专利制度产生了非常激烈的争论。一些学者以中国技术水平低下为由，反对实行专利制度，甚至有少数人认为专利制度与社会主义制度不相容，无法适应国家体制。

1984 年，具有前瞻性眼光的邓小平同志提出了"专利法以早通过为好"。当年 3 月 12 日，专利法在第六届全国人大常委会第四次会议上表决通过。

看我飞速发展。

1979年　1984年　1985年　2017年　2022年

专利法于 1985 年 4 月 1 日开始实施，当天，北京、上海、沈阳、济南和长沙 5 个受理处收到 3455 件国内外专利申请。

2017 年，中国知识产权制度及建设发展迅速，年发明专利申请量和有效发明专利拥有量均超过 100 万件。

"创新是引领发展的第一动力，保护知识产权就是保护创新。"但是，仅仅成为知识产权大国是不够的，我们要清醒地看到不足。

保护知识产权就是保护创新！

想一想

我国知识产权保护工作取得了哪些历史性成就？还存在哪些不足？

_____

_____

_____

2021年，党中央、国务院相继印发《知识产权强国建设纲要（2021—2035年）》和《"十四五"国家知识产权保护和运用规划》，对我国知识产权事业未来发展作出重大顶层设计，这充分体现了以习近平同志为核心的党中央对知识产权工作的高度重视，在我国知识产权事业发展史上具有里程碑意义。

世界知识产权组织发布的《2021年全球创新指数报告》中，中国排名位居全球第12位，连续9年稳步提升。

知识讲堂

从上面内容可以看出，通过对知识产权法律法规的修改和制定，我国知识产权保护制度得到了进一步完善，并全面达到了世贸组织与贸易有关的知识产权协议的相关要求，与《与贸易有关的知识产权协议》更趋一致。

我国是知识产权大国！

知识产权的
发展史

第四节 知识产权制度的主要作用

目前，我国正在进行新一轮的专利法修改，国家知识产权战略也即将出台。这些重大措施的实施，必将会极大地推动我国知识产权的创造、管理、保护和运用能力的提高，知识产权制度在我国社会发展中的积极作用也一定会更加显著。

形势分析

当前，社会上存在一些对知识产权制度缺乏了解，甚至对知识产权制度片面理解的现象。诸如，由于中国在知识产权国际竞争中相对弱势，一些人便把中国称为"专利奴"，认为中国的知识产权制度过多地保护了发达国家的利益，"知识产权制度一味地追求商业利益"，发达国家在中国是通过"滥用知识产权保护""超级知识产权保护"获得巨额利润，因此他们主张通过"缩短知识产权保护期限"，降低

知识产权保护标准等方式来改变这种不利局面。这种顾虑是善意的，但这种观念和理解是片面的，有些担忧也是没有必要的。当然，我们也要清醒地认识到，尽管我国知识产权制度在经济社会发展中发挥了重要作用，但由于我们起步较晚，经验不足，还存在亟待加强和改善的地方。这对于一个有14亿人口的发展中大国而言绝非一朝一夕之事，需要一个漫长的过程。

保护知识产权就是保护创新！

💡 **想一想**

我国知识产权制度在经济社会发展中发挥哪些重要作用？还存在哪些亟待加强和改善的地方？

2021 年，全国知识产权系统坚持稳中求进，持续改革创新，全年知识产权工作量质齐升，各项指标圆满完成。

截至 2021 年底，全国 31 个省（区、市）全部实现"一窗通办"的专利商标业务，省级知识产权信息公共服务机构达到 52 家，地市级综合性知识产权公共服务机构达到 104 家。

知识产权制度是为了保护知识产权创造者的独占性，同时又能激励竞争对手的一种制度。知识产权制度的作用主要体现在以下方面。

对知识创造的激励作用， 因为知识产权具有独占性，就使得知识产权创造者或拥有者可以通过转让或实施生产取得经济利益、收回投资，这样才有继续研究开发的积极性和物质条件，从而调动知识创新者的积极性。

一

二

知识产权制度具有调节公共利益的作用， 知识产权制度虽然保护知识创造者的利益，但并不等于垄断。知识创造者在申请知识产权保护的同时，要向社会公开自己创造的内容。

知识产权制度具有保护投资的作用， 知识产权制度通过确认成果属性，保障作出主要物质技术投入单位或个人充分享有由此所产生的合法权。

三

四

有利于提高国际竞争力， 作为国际竞争力核心要素，知识产权在国际竞争中具有不可替代的作用。世界贸易组织将知识产权与贸易挂钩，从而使国际知识产权规则具有强制执行力。

知识讲堂

从上面内容可以看出，知识产权制度的作用有激励知识创造、具有调节公共利益、保护投资以及有利于促进国际间经济、技术交流与合作。目前，企业和公民知识产权意识不强，运用知识产权制度的能力不高等问题相当突出。

我们应该增强知识产权意识！

第五节 对知识产权进行保护

　　加强知识产权保护工作是贯彻新发展理念、构建新发展格局、推动高质量发展的必然要求。全面建设社会主义现代化国家，必须推动我国知识产权保护工作不断迈上新的台阶。

故事在线

　　2022 年 4 月 22 日，世界知识产权日来临之际，由人民政协网主办的"强化知识产权保护 持续优化营商环境"座谈会在北京举行。部分人大代表、政协委员、专家学者和企业代表齐聚一堂，聚焦新时代知识产权保护工作的要点、难点和堵点，建言献策，让知识产权保护更好地成为优化营商环境的"助推剂"。

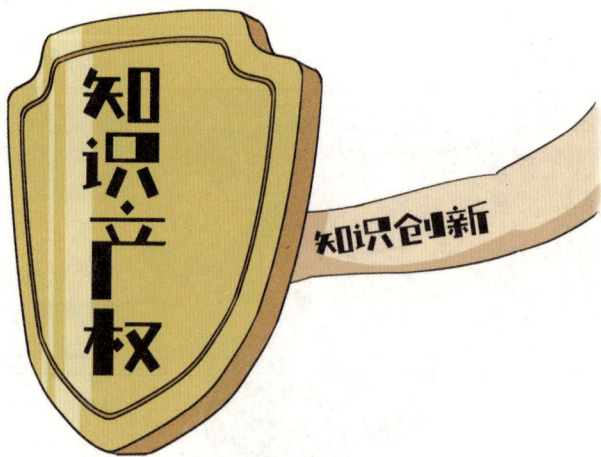

全国人大代表、全国人大宪法和法律委员会副主任委员江必新认为，知识产权保护的"极端重要性"，可以用三句话来概括：保护知识产权就是保护创新之魂；保护知识产权就是保护发展之源；保护知识产权就是保护强国之基。他认为，保护知识产权与优化营商环境之间具有高度的关联性、契合性、互动性和互补性。

想一想

　　为什么要保护知识产权？加强知识产权保护有哪些有效的措施？

_____

_____

_____

近年来，我国把全面加强知识产权保护提到了新的战略高度。不断完善知识产权保护体系建设、加强知识产权保护要从以下方面入手。

1. 强化知识产权保护意识。 进一步加大知识产权保护知识的宣传和普及，增强全社会知识产权保护意识，营造人人注重知识产权保护的良好氛围。

3. 加强知识产权保护人才队伍建设。 创造条件进一步加大知识产权人才培养，不断深化人才体制机制改革，充分激发知识产权人才活力，才能不断壮大我国知识产权人才队伍和力量，从而推进知识产权强国建设。

2. 完善知识产权保护立法。 《民法典》确立了知识产权保护的重大法律原则，专利法、商标法、著作权法修改，建立了国际上高标准的侵权惩罚性赔偿制度，为保护知识产权提供了有力的法律保障。完备的知识产权法律法规体系，高效的执法司法体系，是强化知识产权保护的重要保障。

知识产权保护讲座

要进一步加大知识产权保护知识的宣传和普及。

第二单元

专利权：发明创作的权利

专利权是知识产权的重要组成部分，我国的《专利法》于 1984 年公布，1985 年公布《专利法实施细则》，对专利法的实施做了具体的规定。发明创造要取得专利权，必须满足实质条件和形式条件，经过受理、初步审查阶段、公布、实审以及授权 5 个专利申请阶段，依法享有专利权人的权利与义务。

 # 第一节 专利概述和种类

专利是受法律规范保护的发明创造，它是指一项发明创造向国家审批机关提出专利申请，经依法审查合格后向专利申请人授予的在规定的时间内对该项发明创造享有的专有权。

2020年7月，W公司的一种新型饮料加工方法获得专利权。不久后，W公司发现D公司生产的某新型饮料是运用其专利方法生产的，侵犯了他们专利权，于是就向专利管理机关提出处理请求，要求D公司立即停止侵权行为并赔偿损失。D公司辩称，本单位生产的某新型饮料虽然与W公司依照专利方法生产的产品名称一致，但其产品特性和加

工方法均不相同，并且两种饮料的原料配比也不相同。另外，D公司还将W公司的专利文件中记载的独立权利项分解成25个特征，指出D公司的加工方法只与其中的5个特征相同，且这5个特征均是列在前序部分，与属于独立权利项特征部分的17项区别特征均不相同。

想一想

D公司有没有侵权行为？如果有，侵犯了哪项权利？

_____

_____

_____

_____

根据《专利法》第四条的规定，涉及国家安全或者重大利益的发明创造，需要按照有关规定申请保密专利。

《专利法》第二条中规定："外观设计，是指对产品的形状、图案或者其结合以及色彩与形状、图案的结合所做出的富有美感并适于工业应用的新设计。"

专利类型在不同的国家有不同规定。在我国专利法中规定的种类有：发明专利；实用新型专利；外观设计专利。

1.专利类型中的重要组成——发明专利 《专利法》中所称的发明是指对产品、方法或其改进所提出的新的技术方案，是全新的创造，是专利中的重要组成部分。发明分为产品发明和方法发明两大类型。

2.专利类型中的改良成果——实用新型专利 《专利法》所称实用新型是指对产品的形状、构造或者其结合所提出的适于实用的新的技术方案。

3.专利类型中的外部工艺——外观设计专利 外观设计是指工业品的外观设计，也就是工业品的式样。它与发明或实用新型完全不同，即外观设计不是技术方案。

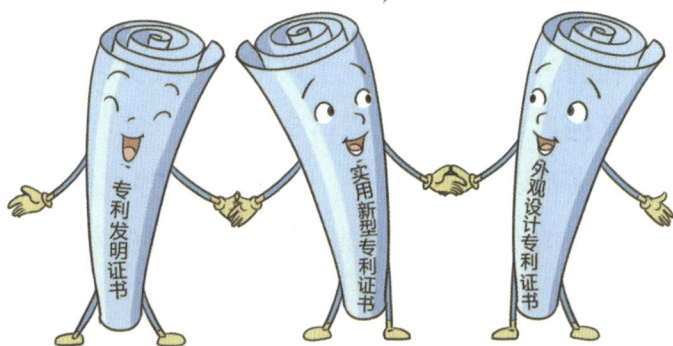

我们都是专利！

专利发明证书　实用新型专利证书　外观设计专利证书

知识讲堂

通过专利管理相关的调查认为：

1. 两种方法的主要原料相同；

2. 两种方法生产的产品相似；

3. 两种方法的技术特征虽存在一些差异，但属于普通技术人员能够想到的替代手段，是等同技术特征；

4. D 公司生产的新型饮料采用的加工方法与 W 公司是等同技术方案，应判定为侵权。

第二节 专利申请并不难

申请专利的各种手续，都应当以书面形式或者国家知识产权局专利局规定的其他形式办理。而以口头、电话、实物等非书面形式办理的各种手续，或者以电报、电传、传真、胶片等直接或间接产生印刷、打字或手写文件的通信手段办理的各种手续均视为未提出，不产生法律效力。

故事在线

内蒙古某大学动力工程系三年级学生龚某在老师和父亲的帮助下，致力于电动机缺相保护器的研究。龚某进行了上千次实验和演算，发明了一种断相控制电路，如果电动机发生断相，立即会出现提示和警告，避免烧坏发动机。龚某申请了此项技术的专利，这项专利技术曾被广东一家国有企业看中，这家企业做了效益分析报告，认为此项专利技

我要申请个专利！

术的年效益为308.7万元。这家企业表示愿意独家买断，但后来因这家企业改制而告吹。另一内蒙古呼市私营企业与龚某沟通协商，花20万元购买该专利技术使用权，该私营企业可享有此项技术在内蒙古范围内的使用和转让权。这一事实让龚某看到了技术革新的魅力，目前，龚某正在为自己的另一项节能灯技术申请国家专利。

专利申请文件准备齐了！

专利申请原则是什么？专利申请流程主要包括哪些步骤？

依据《中华人民共和国专利法》（以下简称《专利法》），发明专利申请的审批程序包括：受理、初步审查阶段、公布、实审以及授权5个阶段，而实用新型和外观设计申请不进行早期公布和实质审查，只有3个阶段。

根据《专利法》第二十八条的规定，国务院专利行政部门收到专利申请文件之日为申请日。如果申请文件是邮寄的，以寄出的邮戳日为申请日。

专利申请流程主要包括以下几个步骤

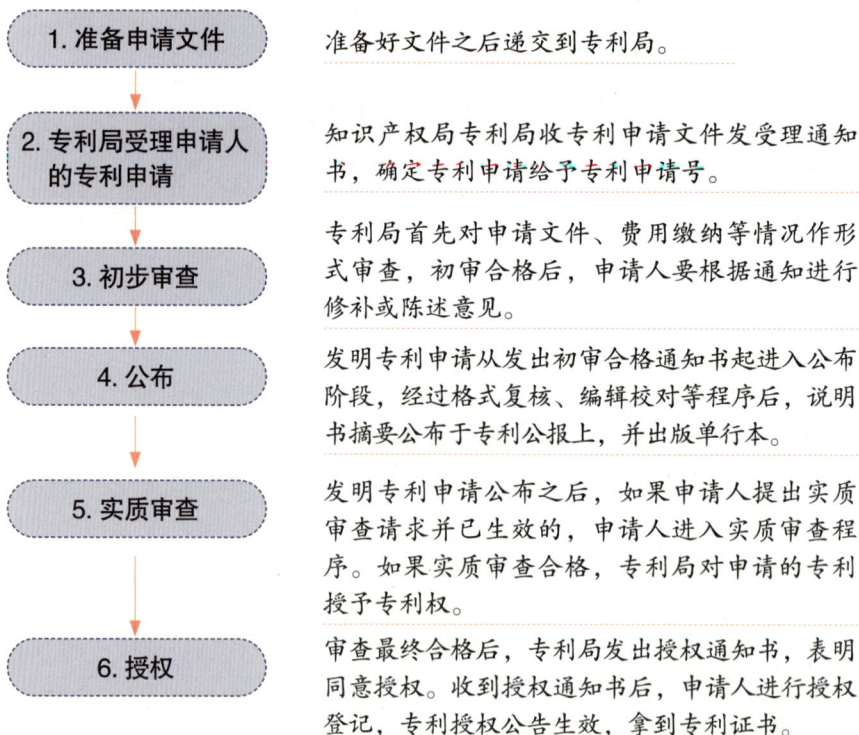

1. 准备申请文件

准备好文件之后递交到专利局。

2. 专利局受理申请人的专利申请

知识产权局专利局收专利申请文件发受理通知书，确定专利申请给予专利申请号。

3. 初步审查

专利局首先对申请文件、费用缴纳等情况作形式审查，初审合格后，申请人要根据通知进行修补或陈述意见。

4. 公布

发明专利申请从发出初审合格通知书起进入公布阶段，经过格式复核、编辑校对等程序后，说明书摘要公布于专利公报上，并出版单行本。

5. 实质审查

发明专利申请公布之后，如果申请人提出实质审查请求并已生效的，申请人进入实质审查程序。如果实质审查合格，专利局对申请的专利授予专利权。

6. 授权

审查最终合格后，专利局发出授权通知书，表明同意授权。收到授权通知书后，申请人进行授权登记，专利授权公告生效，拿到专利证书。

申请文件	发明	实用新型	外观设计
专利申请请求书	√	√	√
权利要求书	√	√	×
说明书	√	√	×
外观设计图片或照片	×	×	√
外观设计的简要说明	×	×	√

三种专利申请须提交的主要申请文件

知识讲堂

专利申请原则包括形式法定原则、单一性原则和先申请原则。如果两个或者两个以上的申请人分别就同样的发明创造申请专利权，专利权授给最先申请的人。

先到先得！

第三节 授予专利权的条件

发明创造要取得专利权，必须满足实质条件和形式条件。实质条件是指申请专利的发明创造自身必须具备的属性要求，形式条件则是指申请专利的发明创造在申请文件和手续等程序方面的要求。此处所讲的授予专利权的条件，仅指授予专利权的实质条件。

故事在线

正在读初二的秦同学是一位发明创造发烧友，他脑子里总有各种各样新奇的想法，他想在地球和月球之间建一座桥梁，爸爸说一个世纪之内无法实现。他想针对喝热饮料有困难的人，发明一种专用的喝热饮的方法，老师说只能私人使用，不可以投入市场进行推广。秦同学爱好下围棋，他发明了一种围棋新玩法，并打算申请此项专利。但是秦同学根本不懂专利法，他曾将自己发明的围棋新玩法投稿到校报

我要在地球和月球之间造一座桥。

上进行展示，还在区里举办的青少年围棋大赛的赛场上以海报的形式公开展示。最终，秦同学申请专利没有成功，原因有两点，一是智力活动的规则和方法不授予专利权；二是由于公开发表而导致发明创造丧失了新颖性。

青少年围棋大赛

这是围棋新玩法。

想一想

提出专利申请后，是不是所有的发明创造都可以获得专利权？授予专利权的发明创造应该具备哪些条件？

《专利法》第二十二条规定：授予专利权的发明和实用新型，应当具备新颖性、创造性和实用性。所以，具备新颖性、创造性和实用性是授予发明和实用新型专利权的实质性条件。

国家知识产权局是我国唯一有权接受专利申请的机关。国家知识产权局在全国34个城市均设有代办处，受理专利申请文件，代收各种专利费用。

根据我国《专利法》的相关规定，必须具备新颖性、创造性、实用性三个特性才能被授予发明、实用新型专利权的发明创造。

1. 发明创造的新颖性，指的是发明创造在申请专利权之前，在国内外的出版物上没有公开发表过或者公开使用过的同样的发明或者是实用新型创造，并且其没有出现由他人向国家国务院专利行政部门提出专利申请并出具专利申请文件的情况。

2. 发明的创造性，所谓创造性，是指这个新的发明与现有的相关技术比较，有更加突出的特点和进步，或者说这个发明是一个全新的领域。

3. 发明创造的实用性，指的是该项发明创造可以用于制造使用，并且能够产生积极的效果。

我打算申请一
个专利！

📖 知识讲堂

　　《专利法》对专利保护的范围作了某些限制性规定，一是规定对违反国家法律、社会公德或者妨害公共利益的发明创造不授予专利权；二是规定不授予专利权的内容和技术领域：科学发现；智力活动的规则和方法； 疾病的诊断和治疗方法；动物和植物品种； 用原子核变换方法获得的物质。可见，秦同学的发明既属于《专利法》规定不授予专利的内容，又丧失了新颖性，因而无法申请专利。

我要发明一个和这
个一样的玩具！

第四节 专利权人的权利与义务

专利权人的权利包括实施并使用其专利的权利、许可他人实施其专利的权利、禁止他人实施其专利的权利、请求保护的权利、转让专利权的权利以及在产品上标明专利权的权利；义务包括充分公开发明内容的义务以及缴纳年费的义务。

故事在线

王某某、李某某、梅某某与某无线电厂于 1990 年 11 月 1 日签订专利实施许可合同一份，合同主要约定："王某某其所有的实用新型专利单人便携式浴箱有偿转让给某无线电厂使用，某无线电厂在全国范围内独家使用该专利并拥有销售权；王某某提供该专利产品的全套图纸和设计资料；合同期内，由于工艺或生产等其他方面的需要，在不影响和改变专利的属性的情况下，双方均拥有对专利进行技术改进设计的权利，不影响本合同的执行。"合同还约定了专利许可使用费

我代表你俩签合同吧。

好！

好！

的支付标准和方式。王某某代表李某某、梅某某在合同文本上签字。合同签订后，某无线电厂按照合同的约定生产销售了部分专利产品并支付了部分使用费。1991 年 3 月 20 日，王某某私自与某无线电厂签订终止合同协议书，以该合同涉及的单人便携式浴箱的结构形式在生产中无法实施为由终止了合同。1993 年 7 月 10 日以后，某无线电厂停止支付专利使用费。王某某向法院提起诉讼，请求判令某无线电厂按照合同的约定支付专利使用费。

我背着他俩签订终止合同！

想一想

王某某与某无线电厂签订终止合同协议书有效吗？是否造成侵权？

《专利法》第六条规定：执行本单位的任务或者主要是利用本单位的物质技术条件所完成的发明创造为职务发明创造。职务发明创造申请专利的权利属于该单位；申请被批准后，该单位为专利权人。

《中华人民共和国专利法实施细则》第七条规定：当事人因不可抗拒的事由而延误专利法或者本细则规定的期限或者国务院专利行政部门指定的期限，导致其权利丧失的，自障碍消除之日起2个月内，最迟自期限届满之日起2年内，可以向国务院专利行政部门说明理由并附具有关证明文件，请求恢复权利。

现在我有了实施并使用该专利的权利！

一、专利权人的权利

1.自己实施其专利的权利 → 即自己享有制造、使用、销售、许诺销售和禁止其专利产品或者使用其专利方法的行为。

2.许可他人实施其专利的权利 → 被许可方取得相应的专利实施权并向专利权人支付专利使用费。

3.禁止他人实施其专利的权利 → 未经专利权人许可，任何单位或者个人，都不得实施其专利，即不得为生产经营目的制造、使用或者销售其专利产品，或者使用其专利方法。外观设计专利权被授予后，任何单位或者个人未经专利权人许可，都不得实施其专利，即不得为生产经营目的制造或者销售其外观设计专利产品。

对未经专利权人许可，实施其专利的侵权行为，专利权人或者利害关系人可以请求专利管理机关进行处理，也可以直接向人民法院起诉。 ← **4.请求保护的权利**

专利申请权和专利权可以转让。全民所有制单位转让专利申请权或者专利权的，必须经上级主管机关批准。中国单位或者个人向外国人转让专利申请权或者专利权的，必须经国务院有关主管部门批准。转让专利申请权或者专利权的，当事人必须订立书面合同，经专利局登记和公告后生效。 ← **5.转让专利权的权利**

专利权人有权在其专利产品或该产品的包装上标明专利标记和专利号。 ← **6.在产品上标明专利权的权利**

二、专利权人的义务：

1.充分公开发明内容的义务

《专利法》规定，发明或者实用新型专利权的保护范围以其权利要求的内容为准，说明书及附图可以用于解释权利要求。外观设计专利权的保护范围以表示在图片或者照片中的该外观设计专利产品为准。

2.缴纳年费的义务

专利权人应当自被授予专利权的当年开始缴纳年费。

需要注意的是，假如专利权人不履行相关规定的义务，其发明将无法得到法律的保护。尤其是逾期缴费者，在当事人申请延长国务院专利行政部门指定的期限的，应当在规定期限前，向相关专利部门说明理由并办理必要的手续。

知识讲堂

经法院调查，王某某是作为甲方（王某某、李某某、梅某某）代表签订合同，王某某与某无线电厂签订终止协议书时，未经其他许可人的同意和授权，擅自终止原签订的专利实施许可合同，损害了其他许可人的利益。根据《中华人民共和国技术合同法》第二十一条第（三）项的规定，分割他人合法权益的，应认定无效。

> 我有缴纳年费的义务！

第五节 专利文献与专利代理

专利文献是记载专利申请、审查、批准过程中所产生的各种有关文件的文件资料。

发展历程

专利文献是专利制度的产物。为了推动科技进步和生产力发展，政府建立了专利制度，用以审查和公布发明内容并运用法律和经济手段保护发明创造所有权。威尼斯城邦是世界上最早建立专利制度的国家，1416年2月20日，它批准了第一件有记载的专利。17世纪末至18世纪初，西方各国相继颁布了专利法。缔结各种国际条约和协定的国际性专利组织出现于19世纪60年代。20世纪80年代初期，全球范围内超过130个国家先后建立了专利制度，每年有上百万件专利说明书被公布，并以每年10%的速度增长。80年代中期，全世界已通报的

好重！

专利说明书累计总量达 3000 万件。大多数国家采用《国际专利分类法》（IPC）对专利文献进行分类并标注 IPC 类号。

英国德温特公司出版的《世界专利文摘》《世界专利索引》每年用英文报道世界范围的专利 60 多万件，是专利文献的重要检索工具。中国自 1985 年 4 月 1 日实施专利法以来，也形成了自己的专利文献体系，它主要由《发明专利公报》《实用新型专利公报》《外观设计专利公报》以及与前两者相对应的专利说明书组成。

用《中国专利索引》就方便多了。

想一想

专利文献有何作用和意义？如何查阅中国专利文献？

狭义的专利文献指包括专利请求书、说明书、权利要求书、摘要在内的专利申请说明书和已经批准的专利说明书的文件资料。广义的专利文献还包括专利公报、专利文摘，以及各种索引与供检索用的工具书等。专利文献是一种集技术、经济、法律三种情报为一体的文件资料。

专利的申请途径包括申请人自己申请和委托专利代理机构申请。

专利申请一般应该委托专业的代理机构，以避免由于自身对相关法律知识或相关程序了解不足而导致授权率降低或保护范围不当。

专利代理是指在申请专利、进行专利许可证贸易或者解决专利纠纷的过程中，专利申请人（或者专利权人）委派具有专利代理人资格的在专利局正式授权的专利代理机构中工作的人员，作为委托代理人，在委托权限内，以委托人的名义，按照专利法的规定向专利局办

我的专利申请就拜托你了！

没问题，请放心！

理专利申请或其他专利事务所进行的民事法律行为。专利代理还包括，专利代理人接受专利权无效宣告请求人的委托，作为委托代理人，在委托权限内，以委托人的名义，按照专利法的规定向专利复审委员会办理专利权无效宣告请求相关事宜。

知识讲堂

专利文献中同族专利的数量，就是重要的经济情报之一。它明显地反映了发明潜在的技术市场和经济势力范围，披露了其经济信息。通过专利文献还可以了解某一专门领域内比较活跃的企业及其技术水平等，从而有助于估计未来的技术、经济和市场范围的竞争等。《中国专利索引》是一种十分有效的检索专利文献的工具书。

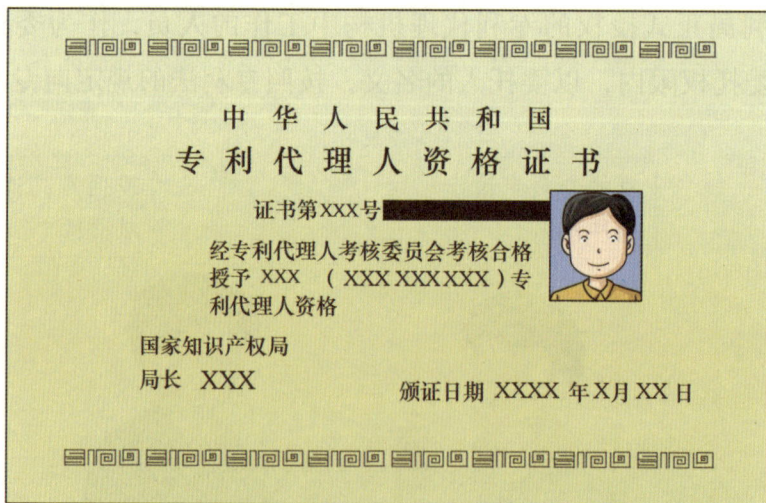

中 华 人 民 共 和 国
专 利 代 理 人 资 格 证 书

证书第XXX号

经专利代理人考核委员会考核合格
授予 XXX （XXX XXX XXX）专
利代理人资格

国家知识产权局

局长 XXX

颁证日期 XXXX 年 X月 XX 日

第三单元

著作权：作品创作的权利

在人类发展的历史长河中，人们通过智力劳动创作了无数文学、艺术和科学作品。每个人都可以创作作品，都可以拥有著作权，著作权保护与我们每个人息息相关。保护作者的著作权不受侵犯，保障作者具有独创性的智力成果获得应有的回报，让侵权人承担相应的法律责任，这就是著作权保护的意义。

第一节 作品及作品归属

从著作法角度讲，"作品"是指具有独创性并能以一定形式表现的智力成果。所谓"独创性"是指作品是作者运用自己的智力劳动创作出来的，而不是抄袭来的；"能以一定形式表现"是指作品必须借助某种形式能够让人们看到、听到或触摸到。各种思想或想法要通过"表达"才能成为作品，脑海里的构思不是作品；所谓"智力成果"是指作品是作者运用智力劳动创造的，不附加任何智力劳动的产物不属于作品。

故事在线

2011年，英国摄影师大卫·斯莱特去印度尼西亚的热带丛林拍摄黑冠猕猴的照片。在一次偶然的机会下，一只黑冠猕猴突然冲了过来，拿起了斯莱特的相机，开始自拍起来，留下了"自拍照"。斯莱特冲印出照片后，发现这只猕猴拍得非常好，表情有趣，于是就将照片发布到了网上。很快，照片开始在网上疯传了。这张照片被维基百科收录到维基旗下的维基共享资源网中。该网专门存储与共享公共领域的图片，任何人可以免费使用这些图片。斯莱特发现后立即要求维基将图片撤下，并声称自己拥有这张照片的版权。

想一想

　　按下快门的那只黑冠猕猴可以成为该照片的作者吗？它是否享有该照片的著作权？

《中华人民共和国著作权法》第二条规定：中国公民、法人或者其他组织的作品，不论是否发表，依照本法享有著作权。

《中华人民共和国著作权法实施条例》第五条规定，著作权法和本条例中的时事新闻，是指通过报纸、期刊、广播电台、电视台等媒体报道的单纯事实消息。

著作权属于作者，著作权法另有规定的除外。创作作品的公民是作者。符合《著作权法》第十一条第 3 款规定情形，法人或者其他组织视为作者。如无相关的证明，在作品上署名的公民、法人或者其他组织为作者。

咱们的作品怎么分？

当然是共有！

1. **合作作品** 作品可以由一个人单独创作完成，也可以由两人以上共同创作完成。例如两名作家共同去体验生活，一起讨论构思，合作创作一部小说。合作作品的著作权由合作作者共同享有。合作作品可以分割使用，作者对各自创作的部分可以单独享有著作权，但行使著作权时不得侵犯合作作品整体的著作权。

2. **汇编作品** 汇编若干作品、作品的片段或者不构成作品的数据或者其他材料，对其内容的选择或者编排体现独创性的作品，为汇编作品，其著作权由汇编人享有，但行使著作权时，不得侵犯原作品的著作权。

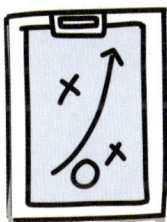

3. **委托作品** 受委托创作的作品，著作权的归属由委托人和受托人通过合同约定。合同未作明确约定或者没有订立合同的，著作权属于受托人。

4. **视听作品** 电影作品和以类似摄制电影的方法创作的作品的著作权由制片者享有，但编剧、导演、摄影、作词、作曲等作者享有署名权，并有权按照与制片者签订的合同获得报酬。电影作品和以类似摄制电影的方法创作的作品中的剧本、音乐等可以单独使用的作品的作者有权单独行使其著作权。

视听作品

5. **职务作品**　公民为完成法人或者其他组织工作任务所创作的作品是职务作品，除报社、期刊、通讯社、广播电台、电视台的工作人员创作的职务作品外，职务作品的著作权由作者享有，但法人或者其他组织有权在其业务范围内优先使用。作品完成两年内，未经单位同意，作者不得许可第三人以与单位使用的相同方式使用该作品。由法人或者其他组织主持，代表法人或者其他组织意志创作，并由法人或者其他组织承担责任的作品，著作权由单位完整地享有。

6. **计算机软件**　计算机软件著作权人指依法享有软件著作权的自然人、法人或者其他组织。软件著作权自软件开发完成之日起产生。

📺 **知识讲堂**

从上面分析可知，动物不能成为著作权人，因此相片虽然是那只黑冠猕猴的自拍照，但它并不享有相片的著作权。

哼，不公平！

第二节 著作权法的诞生

著作权亦称版权，是指作者对其创作的文学、艺术和科学作品所享有的专有权利。我国的著作权制度是近代以来的舶来品。对现代著作权制度诞生历史的考察，有助于我国当前知识产权法律制度的修订和创新驱动发展战略的实施。

发展历程

世界上第一部现代著作权法于1710年在英国诞生。当时在位的英国国王是安妮女王一世，这项法律也被称为《安妮女王法》。《安妮女王法》作为世界上第一部著作权法具有极高的研究价值，通过对《安妮女王法》和古登堡印刷术的传播研究，发现现代著作权制度的源头可以追溯到欧洲近代化。得益于古登堡印刷术和出版自由，著作权制度促进了出版业的有序发展和利益分配。

我们是最早的著作权法！

中国历史上第一部著作权法是清政府于 1910 年 12 月 18 日颁布的《著作权律》。于一个多世纪前成文的《著作权律》历经多年的修订，主要参考了世界通行的《保护文学和艺术作品伯尔尼公约》（简称《伯尔尼公约》），并比对各国当时的法律，因而是一部相当完善的著作权法。作为最权威的国际版权公约的《伯尔尼公约》缔结于 1886 年，缔约国于 1896 年对《伯尔尼公约》进行了重大修改，此后，这部公约成为全球各国遵循的蓝本。

想一想

著作权制度对于我国当前知识产权法律制度的修订和创新有哪些作用？

　　1910年12月，经过资政院逐条议决通过，宣统皇帝批准，中国历史上的第一部著作权法正式产生，定名为《著作权律》，共5章55条。

　　1915年颁布的中华民国的首部《著作权法》，共45条，除了个别条文略有增删合并外，基本上依照了清政府的《著作权律》。

　　著作权（copyright）是用来表述创作者因其文学和艺术作品而享有的权利的一个法律用语。著作权是对计算机程序、文学著作、音乐作品、照片、游戏，电影等的复制权利的合法所有权。作者对其创作的文学、艺术和科学作品依法享有某些特殊权利，非经同意，他人不得出版或作更改。鲁迅在《书信集·致胡今虚》中说："但既系改编，他们大约也不能说是侵害版权的罢。"除非转让给另一方，著作权通常被认为属于作者的。大多数计算机程序不仅受到著作权的保护，还受软件许可证的保护。著作权只保护思想的表达形式，而不保护思想本身。算法、数学方法、技术或机器的设计均不在著作权的保护之列。

印刷术发明以前，文学、艺术和科学作品的传播主要靠手抄，当时很少在市场上出现抄本作为商品出售的情况。公元11世纪40年代，毕昇发明活字版印刷术以后，作品的印制册取代抄本在市场上出售，印刷商通过出售作品载体的复制品，谋取了丰厚的利润。印刷商将待印的作品送请官府审查，请求准许其独家经营，这样一些作品的印制与销售被垄断。在中国延续了700多年的原始著作权制度，在欧洲却只延续了200多年。

第三节 著作权的分类

　　著作权的内容十分丰富，从性质上可以区分为著作人身权和著作财产权两大类。

知识讲堂

一、著作人身权

　　著作人身权又称著作精神权，指著作权人对其作品所享有的各种与人身相联系或者密不可分而又无直接财产内容的权利，是作者通过创作表现个人风格的作品而依法享有获得名誉、声望和维护作品完整性的权利。该权利由作者终身享有，不可转让、剥夺和限制。作者死后，一般由其继承人或者法定机构予以保护。

我们都是著作权！

著作人身权	著作人身权的特点
1. 发表权，即决定作品是否公布于众的权利； 2. 署名权，即表明作者身份，在作品上署名的权利； 3. 修改权，即修改或者授权他人修改作品的权利； 4. 保护作品完整权，即保护作品不受歪曲、篡改的权利。	1. 著作人身权整体的不可转让性； 2. 不可剥夺性； 3. 个别权能的可继承性（如发表权）； 4. 著作人身权的永久性。

我享有发表权、署名权、修改权和保护作品完整权！

💡 想一想

著作人身权和著作财产权的联系和区别分别是什么？

_____

_____

_____

根据《著作权法》第54条规定，著作权纠纷可以调解，也可以根据当事人达成的书面仲裁协议或者著作权合同中的仲裁条款，向仲裁机构申请仲裁。当事人没有书面协议，也没有在著作权合同中订立仲裁条款的，可以直接向人民法院起诉。

《关于审理涉及计算机网络著作权纠纷案件适用法律若干问题的解释》规定，著作权人的身份证明指"身份证、法人执照、营业执照等有效身份证件"，著作权权属证明指"有关著作权登记证书、创作手稿等"。

知识讲堂

二、著作财产权

著作财产权是作者对其作品的自行使用和被他人使用而享有的以物质利益为内容的权利。著作财产权具体包括：

1. 复制权	即以印刷、复印、翻拍等方式将作品制作一份或者多份的权利；
2. 发行权	即以出售或者赠予方式向公众提供作品的原件或者复制件的权利；
3. 出租权	即有偿许可他人临时使用电影作品和以类似摄制电影的方法创作的作品、计算机软件的权利；
4. 展览权	即公开陈列美术作品、摄影作品的原件或者复制件的权利；
5. 表演权	即公开表演作品，以及用各种手段公开播送作品的表演的权利；

6. 放映权	即通过放映机、幻灯机等技术设备公开再现美术、摄影、电影和以类似摄制电影的方法创作的作品等权利;
7. 广播权	即以无线方式公开广播或者传播作品的权利;
8. 信息网络传播权	即以有线或者无线方式向公众提供作品,使公众可以在其个人选定的时间和地点获得作品的权利;
9. 摄制权	即以摄制电影或者以类似摄制电影的方法将作品固定在载体上的权利;
10. 改编权	即改变作品,创作出具有独创性的新作品的权利;
11. 翻译权	即将作品从一种语言文字转换成另一种语言文字的权利;
12. 汇编权	即将作品或者作品的片段通过选择或者编排,汇集成新作品的权利。

第四节 未成年人作品也有著作权

近几年来，很多未成年人已逐渐踏入知识领域，但有些未成年人及其父母对知识产权问题认识不到位，导致未成年人的一些利益受到侵害。

故事在线

还是小学生的夏夏，对诗歌很感兴趣，不仅让父母给她买相关书籍，而且还自己创作小诗。细心的爸爸把女儿的小诗整理成册，其中的一些诗词被校刊选中并发表。每次有关于诗歌的比赛，夏夏都会投稿，有好几首诗还得过奖。

有一天，夏夏和爸爸逛书店，翻看一本诗集时发现里面有三篇作品是自己写的，这让夏夏很是兴奋，她把自己的发现告诉了爸爸。之后，爸爸打电话给相关出版社，索要稿酬和样书，出版社却回复说："我们出版这一类的书，根本就不赚什么钱，不过是为了鼓励儿童写诗进行创作。并且，你女儿还是未成年人，没有必要署名，更没必要支付稿酬！"

但夏夏爸爸坚持为女儿争取署名和稿费，最终诉至法院。

想一想

那么，作为未成年人的夏夏，究竟是否享有著作权？她是否有署名的权利和获得报酬的权利呢？

《中华人民共和国民法通则》第九十四条规定："公民、法人享有著作权（版权），依法有署名、发表、出版、获得报酬等权利。"

《未成年人保护法》第36条规定："国家依法保护未成年人的智力成果和荣誉权不受侵犯。"

　　著作权是一项民事权利，因此作品的创作者不受年龄限制，无论是成年人还是未成年人，都平等地享有著作权。夏夏作为诗词的作者，即便是未成年人，仍享有著作权，这是夏夏作为一名公民的权利，公民行使权利不受性别、民族、年龄的限制。因此，出版社没有经过作者夏夏及其法定代理人或监护人的许可，擅自选用夏夏的作品的行为已经侵犯了夏夏的著作权，应当承担相应的法律责任，并支付作者夏夏一定的稿酬。

版权保护　反对侵权

从上面内容不难看出，尽管儿童属于未成年人，但也依法享有智力成果权。因此，未成年人拥有自己作品的著作权，也有权要求署名、分享经济报酬等。

在日常生活中，如果我们的知识产权遭受侵害时，该怎么做呢？

1. 我们可以联系其有关负责人，去和他们进行调解，并且索要自己应得的利益。

2. 如果个人协调的方法无法解决问题，可以向有关部门进行投诉，并请求协助。通过法律途径来解决问题是最直接最有效的办法。

法制护航

第五节 互联网上传下载的是非

随着互联网技术的飞快发展，网络侵权现象愈加严重，那么网络知识产权的保护就显得尤为重要，这就要求我们不断加深对依法保护智力成果的认识。

故事在线

网络作品是指在电子计算机信息网络技术的基础上出现的作品，有别于传统作品的纸张等物理表现形式，借助数字化技术产生并在网络上运行，拥有二进制数字编码形式，具有独创性并能够复制的文学艺术和科学智力创作的成果。随着网络技术的迅猛发展，作品也随之更快捷简便地传播、辗转和变异，传统的著作权保护论已经显示出了

局限性，非但不能适应互联网业的发展，甚至成为阻碍。通过对网络著作权和传统著作权进行研究和比较，来指导中国相关立法和执法。

　　某小学数学老师张某在书店购买了一本学习辅导资料，认为这套资料很适合自己的学生。但学校有明文规定：教师不能推荐学生购买辅导资料，张老师就将该书的全部内容扫描成电子版，上传到自己网盘并分享给学生，供学生们下载使用。全班有 40 名学生，每个人都通过张老师的分享获得了该学习辅导资料的内容。

请同学们自行下载！

网盘分享码： ******

想一想

张老师的行为是否侵犯了作者的著作权？为什么？

_____

_____

_____

《最高人民法院关于审理侵害信息网络传播权民事纠纷案件适用法律若干问题的规定》已于2012年11月26日由最高人民法院审判委员会第1561次会议通过，自2013年1月1日起施行。

《关于审理涉及计算机网络著作权纠纷案件适用法律若干问题的解释》第1条规定：网络著作权侵权纠纷案件由侵权行为地或者被告住所地人民法院管辖。侵权行为地包括实施被诉侵权行为的网络服务器、计算机终端等设备所在地。对难以确定侵权行为地和被告住所地的，原告发现侵权内容的计算机终端等设备所在地可以视为侵权行为地。

　　网络侵权，顾名思义，是指在网络环境下所发生的侵权行为，所谓网络是指将地理位置不同，并具有独立功能的多个计算机系统通过通信设备和线路连接起来以功能完善的网络软件，即网络通信协议、信息交换方式及网络操作系统等，实现网络中资源共享的系统。

　　在下列情况下使用作品，可以不经著作权人许可，不向其支付报酬，但应当指明作者姓名、作品名称，并且不得侵犯著作权人依照本法享有的其他权利：为个人学习、研究或者欣赏，而使用他人已经发表的作品；为介绍、评论某一作品或者说明某一问题，在作品中适当引用他人已经发表的作品；为报道时事新闻，在报纸、期刊、广播电台、电视台等媒体中不可避免地再现或者引用已经发表的作品；为学校课堂教学或者科学研究，翻译或者少量复制已经发表的作品，供教学或者科研人员使用，但不得出版发行。

知识讲堂

从上述内容可以分析出，张老师为了教学需要，复制已经发表的作品，仅供教学使用，并未出版发行，因此不构成侵权。

第四单元

商标权：注册商标的权利

　　商标的重要作用在于标示和区别商品或服务，商标不仅具有经济价值，还承载着文化价值和创新发展价值。商标是一种无形财产权。我国主要采取商标注册制度，商标获准注册后，商标所有人即享有注册商标专用权。保护商标所有人的正当权益，对于维护市场经济秩序、鼓励创新和诚信经营、保护消费者权益具有重要意义。

第一节 生活中各种各样的商标

商标是商业标识的重要内容，也就是我们常说的"牌子"。每一种商品或服务都会有自己专属的"标签"，让我们可以很容易地找到它，并依据它认牌购物。商标权就是民事主体享有的在特定的商品或服务上以区分来源为目的排他性使用特定标志的权利。

故事在线

随着宋代私营工商业的发展，商业竞争日益激烈，一些商铺为了推销自己的产品，不仅装饰店铺的门面，还定制了带有店铺标记的印刷铜版来印刷广告。在中国国家博物馆里保存着一块我国宋代的广告印刷铜版，上面刻有"济南刘家功夫针铺"的字样，被业内一致认为是我国最早的商标。该铜版长 12.4 厘米、宽 13.2 厘米，铜版上方标明店铺字号"济南刘家功夫针铺"，正中是白兔捣药图案的标记，标记两侧注有"认门前白""兔儿为记"，标记下方刻有说明商品材质和销售办法的文字。铜版图文并茂，文字简练。从整体看来，白兔捣药

"济南刘家功夫针铺"印刷铜版

的图案相当于店铺的标志，广告化的文字宣传突出了产品的原材料、质量、销售方式等。这样的商标设计能起到广告宣传的作用，可以说是我国古代相对完整的平面广告作品。

我们古代的商标是商家定制的！

我们注册商标需要登记注册，受法律保护！

想一想

说说本地特色的美食、景点是通过哪些特色信息给人留下深刻的印象的？

商品或服务的提供者用以标明自己商品或服务的来源、品质、生产或服务主体、特征的商用符号就是商标。

商业标识包括商标、商号域名、商品特有名称、商业外观、广告语、产地标志等。

商标是指商品的生产者、经营者或者服务的提供者为了标明自己和区别他人而在自己的商品或者服务上使用具有显著性的符号。从这个意义上来说，古人很早就有"商标"的意识了。

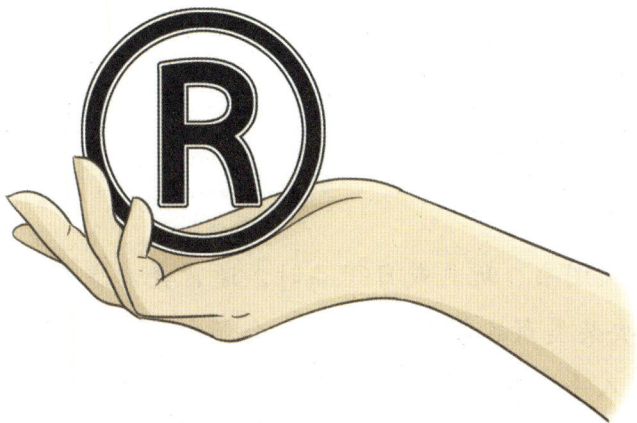

　　在标注商标时应在其右上角加注®，是"注册商标"的标记，意思是该商标已在国家商标局进行注册申请并已通过商标局的审查，成为注册商标。圆圈里的 R 是英文 register 注册的首字母。

　　注册商标具有排他性、独占性、唯一性等特点，为注册商标所有人所独占，受法律保护，任何企业或个人未经注册商标所有权人许可或授权，均不可自行使用，否则将承担侵权责任。

　　TM 表示该商标正在申请注册中，正在等待国家核准的商标需要标注 TM 的文字、图形或符号，国家已经受理注册申请，但结果不一定会核准注册。TM 是英文 trademark 的缩写。（需要特别说明的是：已经成为注册商标的文字、词汇、符号，在实际使用中，如使用字体版本不同于注册时使用的字体，不能作为注册商标使用®符号）。

第二节 商标：不会说话的推销员

当我们走进商店，看到一件商品，首先了解的是商品外包装和上面形形色色的标识，通过这些标识，我们可以了解到很多有用的信息。

形势分析

我们购买图书、玩具或日用品时，通常会考虑哪些因素呢？生活中，我们需要某类商品或服务时，往往会倾向于某种品牌、外形或品质。从这些特征入手，能够很快找到自己心仪的商品或服务。商家为了吸引和留住消费者，也会特别重视自己的商标和品牌形象。

企业、商品、商标是一个有机整体，商家无法将其分割开来，在现代企业管理中，商标属于企业策划的范畴。商标既可以赢得消费者的信任，也使商家得到了利润。商标是知识产权重要的组成部分，是企业的无形资产。商标注册和运营是一门学问，企业应当给予重视。从商标起名、商标设计、商标注册、商标运营、商标保护等多个步骤，商家都必须高度重视。

我用的是中华牌2B铅笔。

我也用中华牌。

想一想

　　标识和区别商品或服务是商标的重要作用之一，那么，说一说商标的作用吧。

商标是企业的无形资产，商标的价值多少，没有一个非常标准的判定。商标在投资或经营过程中作为资产的价值，即商标资产所含资本量的大小，是指其资本价值，而不是荣誉上的或主观上的价值。

影响商标价值的因素很多，且不同的因素影响力不等，但商品的声誉是排在第一位的。商品的声誉来自生产它的企业，因此直接影响和最终决定商标价值的是企业的综合实力。

商标通过对商标注册人加以奖励，使其获得承认和经济效益，而对全世界的积极进取精神起到了促进作用。商标保护还可阻止诸如假冒者之类的不正当竞争者用相似的区别性标记来推销低劣或不

我有巨大的商业价值！

同产品或服务的行为。这一制度能使有技能、有进取心的人们在尽可能公平的条件下进行商品和服务的生产与销售，从而促进国际贸易的发展。

商品销售的广告作用。商标是一种有效的广告宣传手段。许多名牌商品是通过广告宣传而为消费者所熟知。消费者使用带有商标的商品，如果他们对商品的质量、价格、耐用程度等产生了良好的印象，就会努力把这种印象推广给其他消费者，从而使经营者的产品或服务深入人心。在这一过程中，商标起到了无声的推销员的作用，同时也发挥了其广告宣传的功能。较之广告，商标更具有经济性、灵活性和广泛性。消费者在选购商品时，多是记住商标，凭商标识别商品质量的优劣，即所谓认牌购货，这就是商标的广告作用。

第三节 商标的不同类型

常见的商标分类，包括以构成要素区分、以商标的使用对象区分、以商标的功能区分等几种分类方法。

知识讲堂

一、按构成要素区分，商标分为：

1.文字商标	2.图形商标	3.字母商标
4.数字商标	5.三维标志商标	6.颜色组合商标
7.（上述1~6的）组合商标	8.音响商标	9.气味商标

我是文字商标！

二、按使用对象区分，商标分为：

1. 商品商标   2. 服务商标   3. 集体商标

我们是集体商标！

想一想

我们身边常见的商标有哪些类型？请举例说明。

三、按功能区分，商标分为：

1. 营业商标　　2. 证明商标　　3. 等级商标　　4. 组集商标

5. 亲族商标　　6. 备用商标　　7. 防御商标　　8. 联合商标

四、按享誉程度分，商标分为：

1. 普通商标　　　　　　2. 驰名商标

我特别出名！

法律宝库

　　原《商标法》把仅以字母构成的商标归在文字商标之列，而在 2001 年新修订的《商标法》把字母作为商标的构成要素之一，这样规定更符合实际，也便于商标主管部门对商标注册申请依法审查核准。

　　根据国家工商总局于 2003 年 4 月 17 日颁布的《驰名商标认定和保护规定》，驰名商标的含义可以概括为：驰名商标是指在中国为相关公众广为知晓并享有较高声誉的商标。

第四节 商标注册与申请

知识产权从本质上说是一种无形财产权，它的客体是智力成果或是知识产品，是一种无形财产或者一种没有形体的精神财富，是创造性的智力劳动所创造的劳动成果。

知识讲堂

以自然人名义办理商标注册、转让等申请事宜，除按照有关规定提交《商标注册申请书》、商标图样等材料外，还应注意以下事项：

一、个体工商户可以以其《个体工商户营业执照》登记的字号作为申请人名义提出商标注册申请，也可以以执照上登记的负责人名义提出商标注册申请。

二、个人合伙可以以其《营业执照》登记的字号或有关主管机关登记文件登记的字号作为申请人名义提出商标注册申请，也可以以全体合伙人的名义共同提出商标注册申请。

三、农村承包经营户可以以其承包合同签约人的名义提出商标注册申请。

注册商标和未注册商标可是有区别的。

是的，其法律地位有很大不同。

四、其他依法获准从事经营活动的自然人，可以以其在有关行政主管机关颁发的登记文件中登载的经营者名义提出商标注册申请。

五、自然人提出商标注册申请的商品和服务范围，应以其在营业执照或有关登记文件核准的经营范围为限，或者以其自营的农副产品为限。

六、对于不符合《商标法》第四条规定的商标注册申请，商标局不予受理并书面通知申请人。申请人提供虚假材料取得商标注册的，由商标局撤销该注册商标。

七、办理转让商标申请，受让人为自然人的，应参照上述事项办理。

想一想

说一说申请商标有哪些注意事项。

依照《中华人民共和国商标法》第四条的规定，从事生产、制造、加工、拣选、经销商品或者提供服务的自然人，需要取得商标专用权的，应当向商标局申请商标注册。

我国的知识产权法是由《著作权法》、《商标法》和《专利法》三部法律来构成的。

知识讲堂

商标注册的流程

| 1. 注册准备 | 选择注册方式。 |

| 2. 准备资料 | 准备商标图样、身份证复印件、营业执照复印件、注册申请书。 |

3. 开始申请

| 4. 按商品与服务分类提出申请 | 申请注册时，应按商品与服务分类表的分类确定使用商标的商品或服务类别；同一申请人在不同类别的商品上使用同一商标的，应按不同类别提出注册申请。 |

| 5. 申请日的确定 | 接下来就是商标审查、初审公告、注册公告三个程序。 |

6. 领取商标注册证 → 7. 商标注册申请须知

自然人、法人或者其他组织对其生产、制造、加工、拣选或经销的商品或者提供的服务需要取得商标专用权的，应当依法向国家工商行政管理总局商标局，即商标局，提出商标注册申请。

　　狭义的商标注册申请仅指商品和服务商标注册申请、商标国际注册申请、证明商标注册申请、集体商标注册申请、特殊标志登记申请。广义的商标注册申请除了包括狭义的商标注册申请的内容外，还包括变更、续展、转让注册申请，异议申请，商标使用许可合同备案申请，以及其他商标注册事宜的办理。

第五节 商标也可以转让

　　随着创业者的品牌意识越来越强，不少企业奉行"产品未动，商标先行"的策略，但注册商标时间长，过程烦琐等，那么，从他人那里获得商标，即转让商标就不失为一个好的途径。

故事在线

　　G集团公司有多个下属子公司，子公司分别拥有独立的商标，但集团公司拥有字号"G"商标，为了更好地保护自己的商标，该集团公司申请了一系列商标，如"G集团"等。后因整合营销的需要将"G"商标转给子公司，但是子公司非集团公司，在转让过程中，类似于"G

集团"等商标存在转让困难。如受让带有"集团"等字眼的商标让目标消费者无法区分集团公司和子公司。

最后，达成一致的转让人和受让人共同准备文件，同时，对转让过程中的关键点给予足够的关注后顺利地办理了转让手续，节省了审查时间，节约了办理转让的费用，双方的权利和权益受到了维护。

想一想

转让申请提交后受让人是否就享有商标专用权？如何办理共有商标的转让手续？

根据《中华人民共和国商标法》第四十二条的规定，转让注册商标的，转让人和受让人应当签订转让协议，并共同向商标局提出申请。受让人应当保证使用该注册商标的商品质量。

根据《中华人民共和国商标法》第四十三条的规定，商标注册人可以通过签订商标使用许可合同，许可他人使用其注册商标。许可人应当监督被许可人使用其注册商标的商品质量。被许可人应当保证使用该注册商标的商品质量。

商标权人的权利主要有注册商标的专有使用权、禁止权、转让权等内容。

转让，是指注册商标所有人按照一定的条件，依法将其商标权转让给他人所有的行为。转让商标权是商标所有人行使其权利的一种方式，商标权转让后，受让人取得注册商标所有权，原来的商标权人丧失商标专用权，即商标权从一主体转移到另一主体。转让注册商标，应由双方当事人签订合同，并应共同向商标局提出申请，经商标局核准公告后方为有效。

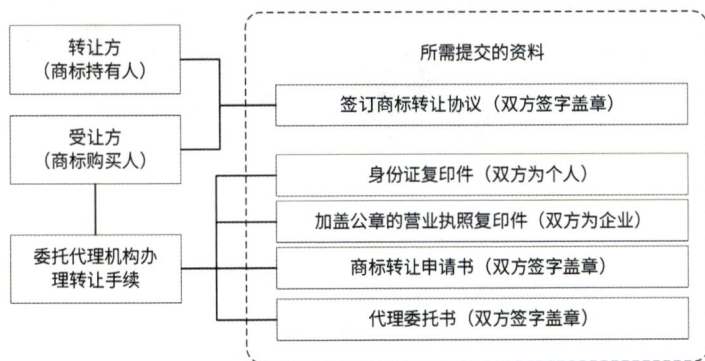

商标转让流程示意图

在办理商标转让前，核对商标的状态非常重要。商标的状态分为：

1.注册申请待审中。对于这类的商标要进行查询以确认是否存在被官方驳回的风险，如是，将根据转让的具体情形进行分析。

2.已经注册的商标。针对已经注册的商标，不存在被官方驳回的风险，但是需要注意商标自身是否存在其他风险。

3.商标是否有其他争议或纠纷；商标是否办理了质押手续等。

第五单元

不可不知的其他知识产权

现代社会科学技术的迅猛发展，知识产权保护对象的范围也在不断扩大，新型的智力成果不断涌现，如计算机软件，生物工程技术，遗传基因技术，植物新品种等，也是当今世界各国所公认的知识产权的保护对象。实际上，知识产权除了常见的专利权、著作权和商标权之外，还有商业秘密、植物新品种、网络域名、集成电路布图设计和地理标志等，它们分别有各自保护的对象和适用范围。

第一节 商业秘密的知识产权

商业秘密权，即民事主体对属于商业秘密的技术信息或经营信息依法享有的专有权利。

故事在线

华为公司于2012年至2013年组织人员开发了智慧健康研究"iHealth"项目。2012年年初，华为员工陈某某、张某某、韩某某从华为公司离职自主创业，并以他人名义成立了博迪物联公司。陈某某和张某某在明知违反华为公司保密规定的情况下，秘密教唆当时在华

竟敢窃取商业秘密！

饶命。

知识产权

为公司工作的吴某盗取华为公司的"iHealth"项目源代码。吴某接受授意，通过技术手段将"iHealth"项目源代码拷贝至U盘后交给韩某某。韩某某根据陈某某等人的指示，对上述源代码进行修改，并以此为基础研发博迪物联公司的运动健康软件及配套可穿戴设备，于2013年5月开发完成并推出配套的计步器产品。2016年，检察院就陈某某等4人侵犯商业秘密罪向法院提起诉讼。

这是商业秘密！

这不是商业秘密！

🔅 **想一想**

什么是商业秘密？商业秘密应如何获得保护？

《关于禁止侵犯商业秘密行为的若干规定》第2条第2款指出："本规定所称不为公众所知悉，是指该信息是不能从公开渠道直接获得的。"

根据《反不正当竞争法》和国家工商局《关于禁止侵犯商业秘密行为的若干规定》的规定，对侵犯商业秘密的不正当行为，工商行政管理机关应当责令停止违法行为，可以根据情节处以一万元以上二十万元以下的罚款，并可对侵权物品作出处理。

具备以下构成要件的技术信息、经营信息等商业信息即为商业秘密。

1. 具有商业价值　该信息具有确定的可应用性，能为权利人带来现实的或者潜在的经济利益或者竞争优势。

2. 不为公众所知　法律规定的"不为公众所知悉"，即指商业秘密的秘密性，是指权利人所主张的商业秘密未进入"公有领域"，非"公知信息"或"公知技术"。

3. 权利人采取保密措施　商业秘密的保密性是指商业秘密经权利人采取了一定的保密措施，从而使一般人不易从公开渠道直接获取，该要件强调的权利人的保密行为，而不是保密的结果。

4. 实用性　指商业秘密的客观有用性，即通过运用商业秘密可以为所有人创造出经济上的价值，具有确定的实用性，是实现商业秘密价值性的必然要求。

　　法院经审理认为，被告人陈某某、张某某、韩某某、吴某无视国家法律，盗窃并使用权利人华为公司的商业秘密，造成了权利人的重大经济损失，其行为侵犯了商业秘密，均已构成犯罪。

第二节 植物新品种的知识产权

我国实行植物新品种的保护制度，任何单位或者个人针对授权品种进行生产、销售、繁殖等行为，均需要经过植物新品种权人的许可，否则将承担侵权责任。

故事在线

近年来，一种春季为绿色，入夏的叶色变成鲜亮的金黄色且可以修剪成不同造型的景观树——中华金叶榆，在我国北方许多城市风靡一时。中华金叶榆俗称美人榆，河北林科院与石家庄绿缘达公司经过十多年的努力，联合培育出中华金叶榆这个植物新品种。2006年，美人榆通过国家林业局审查授权，成为我国首个自主培育的彩色榆树植物新品种。

我是正版，你是盗种。

我不是。

由于美人榆技术门槛低、种植简单，这些生物优势也给侵权者带来了便利，美人榆遭遇了大面积盗种。2010 年，河北林科院成立美人榆维权办公室，聘请律师团队，踏上了漫漫的维权路。2016 年在一起关键性案件中，河北林科院与石家庄绿缘达公司在一审、二审均败诉的情况下，通过申请再审最终获胜，再审法院判决侵权人侵犯品种权成立，需向其支付品种使用费 20 万元。

我受品种权保护！

品种权

想一想

　　我国《专利法》明确规定，对植物品种不能授予专利权，那么，我国法律如何保护植物的品种权？

_____

_____

_____

《植物新品种保护条例》规定：申请植物新品种权的植物新品种应当与属于国家植物品种保护目录中列举的植物的属或者种相区别。

《植物新品种保护条例》规定：违反社会公德的名称不得用于授权品种的命名。

植物新品种权取得的实质性条件：

1. 授予植物新品种权的植物新品种应当具备适当的名称。

2. 授予植物新品种权的植物新品种应当具备特异性，是指申请植物新品种权的植物新品种应当明显区别于在递交申请以前已知的植物品种。

3. 授予植物新品种权的植物新品种应当具备一致性，是指申请植物新品种权的植物新品种经过繁殖，除可以预见的变异外，其相关的特征或者特性一致。

4. 授予植物新品种权的植物新品种应当具备稳定性，是指申请植物新品种权的植物新品种经过反复繁殖后或者在特定繁殖周期结束时，其相关的特征或者特性保持不变。

适当的名称 ＋ 具备特异性 ＋ 具备一致性 ＋ 具备稳定性

2022 年 3 月 1 日我国正式实施的新《种子法》以及新近联合印发的《关于保护种业知识产权打击假冒伪劣套牌侵权营造种业振兴良好环境的指导意见》更是全面加强了植物新品种的保护力度，并严厉地打击侵权行为。

第三节 网络域名

域名权具有知识产权的属性，是新类型标识性知识产权，具有巨大的商业和经济价值。随着互联网络和电子商务的迅猛发展，域名的商业价值越来越大，而伴随的域名抢注问题也愈演愈烈。

故事在线

A公司与B公司的网络域名仅差一个字母，在A公司诉B公司不正当竞争一案中，在认定A公司对其网络域名是否享有权益这一问题上，一审法院与二审法院的观点截然相反。2003年6月6日，"quna. com"域名初次登记注册，2009年7月3日，A公司经受让取得该域名，A公司无证据显示其在受让该域名之前对该域名的主要部分"quna"

我们不一样！

进行过实质性的使用或者对其进行商标注册等；2005 年 5 月 9 日"qunar.com"域名被注册并创建网站，B 公司于 2006 年 3 月 17 日成立后经受让取得该域名。B 公司的"qunar.com"域名与 A 公司的"quna.com"域名因仅相差一个字母"r"，在使用过程中不免会产生混淆。

想一想

A 公司是否对争议域名"quna.com"享有权益？其使用该域名的行为是否构成不正当竞争？

_____

_____

_____

_____

_____

根据《中国互联网络域名管理办法》的解释，网络域名是指互联网上识别和定位计算机的层次结构式的字符标识，与该计算机的互联网协议地址相对应。

2001年7月24日，为与国际接轨，并符合TRIPS以应对入世要求，最高人民法院出台了司法解释《关于审理涉及计算机网络域名纠纷民事案件适用法律若干问题的解释》，此解释是我国目前最直接的调整域名纠纷的法律依据。

域名系统要求域名在全球范围内是唯一的，不能存在完全相同的域名。有的动机不纯的人专营抢注域名，然后出卖给商标权人。人们称此种行为是域名的"劫持"或"囤积"，将这些抢注人称为"商标蟑螂"。在域名保护的实体法律方面，我国主要通过《商标法》和《反不正当竞争法》规制抢注域名的行为。

域名注册
遵循先申请先注册原则

最终再审法院最高人民法院肯定了广东省高级人民法院的观点，认定 B 公司对争议域名"qunar.com"享有权益，不正当竞争的罪名不成立。

第四节 集成电路布图设计

半导体集成电路芯片是计算机信息技术发展的核心，集成电路芯片的质量直接决定了计算机通信技术的发展水平。集成电路芯片体积虽小，但其中却包含着很高的技术含量。

形势分析

中国是芯片需求量极高的国家，但芯片自给严重不足。我国在芯片领域的起步比较晚，积累技术的时间较短，缺乏优秀的芯片领域的专业人才，缺乏自主研发，长期依赖进口。根据美国半导体行业协会（SIA）2021年发布的相关报告，中国本土芯片产业规模仅占全球半导体总销售额的7.6%；2020年，中国半导体进口金额高达3500亿美元。

我是中国"芯"！

国外巨头在集成电路领域起步早，拥有核心技术和知识产权，经验丰富，一直以来都占据着市场和研发的制高点。2020年美国半导体出口总额达490亿美元，在美国出口中占第四。从2019年年初到2020年7月，美国先后把近百家中国实体企业列入出口管制清单，其中包括限制对华为的芯片供应。中国芯片行业的"短板"最终还是需要中国人自己去努力奋斗、不断创新，一步一步踏实追赶。

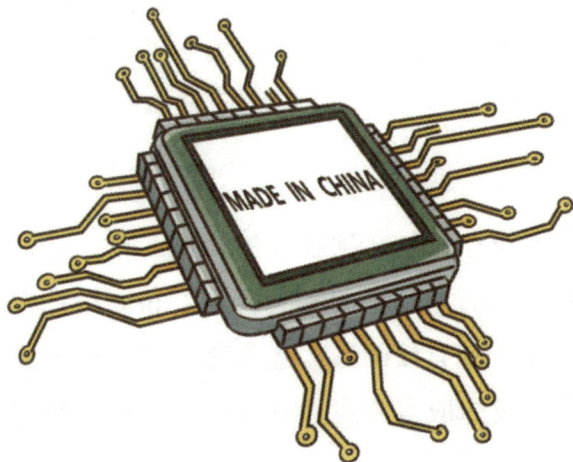

想一想

什么是集成电路布图设计？如何保护集成电路布图设计？

　　根据《中华人民共和国民法典》第八百七十六条规定：集成电路布图设计专有权转让和许可，参照《中华人民共和国民法典》第二十章第三节"技术转让合同和技术许可合同"。

　　《集成电路布图设计保护条例》第七条规定布图设计权利人享有下列专有权：对受保护的布图设计的全部或者其中任何具有独创性的部分进行复制；将受保护的布图设计、含有该布图设计的集成电路或者含有该集成电路的物品投入商业利用。

　　集成电路布图设计权是一项独立的知识产权，是权利持有人对其布图设计进行复制和商业利用的专有权利。布图设计权的主体是指依法能够取得布图设计专有权的人，通常称为专有权人或权利持有人。

　　布图设计专有权的取得方式通常有以下三种：登记制；有限的使

集成电路布图设计登记证书

用取得与登记制相结合的方式；自然取得制。关于布图设计权的保护期，各国法律一般都规定为 10 年。根据《关于集成电路的知识产权条约》的要求，布图设计权的保护期至少为 8 年。《知识产权协议》所规定的保护期则为 10 年。我国《集成电路布图设计保护条例》第十二条规定，布图设计专有权的保护期为 10 年，自布图设计登记申请之日或者在世界任何地方首次投入商业利用之日起计算，以较前日期为准。但是，无论是否登记或者投入商业利用，布图设计自创作完成之日起 15 年后，不再受该条例保护。

知识讲堂

集成电路布图设计专有权作为一种独立的知识产权，其特点介于版权和专利权之间，更接近版权，故也被一些学者称为"工业版权"。版权制度不排斥他人独立创作出类似的作品，集成电路布图设计专有权同样如此。

第五课 关于地理标志

人们到一个地方旅游，通常会购买一些当地的"土特产"，如阳澄湖大闸蟹、金华火腿、郫县豆瓣、西湖龙井等。很多著名的"土特产"往往受到了地理标志制度的保护。

形势分析

西湖龙井茶由于名气大，美誉度高，成为很多竞争对手觊觎的对象，假冒情况日趋严重。2011年2月18日，在杭州市工商局、西湖区政府、西湖区工商分局等部门的指导下，西湖区龙井茶产业协会提出"西湖龙井"地理标志证明商标的注册申请， 2011年6月28日，该证明

我是西湖区的标志产品！

商标获得注册，之后，由商标权人西湖区龙井茶产业协会负责"西湖龙井"地理标志证明商标的注册和使用监督管理等工作。符合相关专用标志地理标志证明商标使用管理规则的产品经营者，可向该协会申请使用"西湖龙井"的地理标志证明商标。地理标志的取得对市场上龙井茶假冒产品的泛滥起到了抑制作用。

我是北京的标志产品！

我才是北京的标志产品！

想一想

周边有哪些地理标志产品？如何保护地理标志产品？

2021 年 3 月 1 日，《中华人民共和国政府与欧洲联盟地理标志保护与合作协定》正式生效。

2005 年 7 月 15 日，质量监督检验检疫总局发布生效的《地理标志产品保护规定》，将《原产地域产品保护规定》和《原产地标记管理规定》的地理标志管理工作合二为一。

《中国地理标志》课题组进行首次调研的地理标志有 323 个。地理标志存在于三种类型：证明商标和集体商标（以 A 表示）、原产地域产品（以 B 表示）、原产地标记（以 C 表示）。A 类有 104 个，B 类有 154 个，C 类有 137 个。地理标志可同时以两种或三种类型注册，具体是 AB 类有 25 个，AC 类有 22 个，BC 类有 15 个，ABC 类有 5 个。

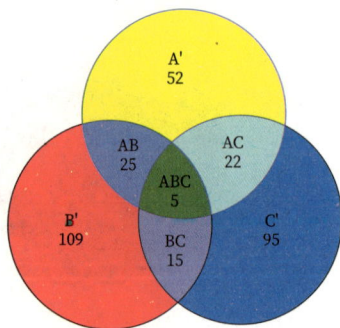

地理标志注册类型图

知识讲堂

2020 年，为进一步规范西湖龙井的管理，西湖区龙井茶产业协会将西湖龙井茶证明商标转让给杭州市西湖龙井茶管理协会，自此西湖龙井茶由杭州市统一管理。